행복한 사문이 전하는
시간의 선물

행복한 사문이 전하는
시간의 선물

담앤북스

행복한 사문이 전하는
시간의 선물

글_ 성 원

담앤북스

몇 해이던가 만월의 달빛으로 등불을 밝히고
온갖 화조 불러 축제를 일구었다

그곳에 산이 있다
산에 사는 그리운 사람이 있다
숲 푸른 줄 알지 못하고
잎 떨구어짐도 알지 못하는…

책을 펴내며

세월

세월이 너무 빠르다.

나이가 들어서일까.

한때

시간의 두께에 눌려

힘겨워한 적이 있었다.

나의 앞에 중첩되어 쌓여 있던

그 무수한 시간들….

꿈꾸는 일이 많았다.

매일 매일 꿈을 꾸고

매 시간 시간 꿈을 이루려

애를 쓰면 쓸수록

시간은 엄청난 두께로 나를 짓누르곤 했다.

그땐 그랬었다.

나의 생각은 시간보다 빨랐고

세월은 나의 의식보다 느리고 답답하고 거추장스러웠다.

어찌된 일일까.

이제 와 나의 시간은 너무 빠르게 흘러 뒤를 쫓지노 못히는 지경이 되
었다. 처음 월간 「해인」에서 표제사진의 시를 부탁했을 때 참 시간이 많
았을 때였다. 편집장인 종현 스님께 늘 빚진 맘도 있어 도움이 되겠거
니 하고 쓰기 시작했다. 몇 번쯤 쓸 일이겠지 생각했는데 벌써 7년이나
되었다.

어느 날 약천사 템플스테이에 왔던 양혜경 교수님이 해인지의 시를 보더니 책을 내라고 서둘렀다. 조금은 어리둥절하기도 했다.

다시 읽다 보니

자꾸 부끄러움이 앞선다.

하지만 언젠가 나의 책 출판하기를 진심으로 바랐던, 지금은 가고 없는 도반 상락 스님이 문득 생각나서 책으로 엮어 보기로 했다.

……

한때 나의 앞에 지천으로 쌓였던 그 시간들이 이젠 더 이상 잘 보이지 않는다. 자꾸 서두르고 싶은 맘이 앞선다.

이제 다시 그때 그 두터웠던 시간들을 찾아보려 한다.

생각하는 삶보다 느끼는 삶의 풍요로움을 많은 사람들에게 전하고 싶다.

느끼며 사랑하며 느리게 살고 싶다.

　시를 읽는 사람들이 조금이나마 삶의 시간을 늦추며 살 수 있다면 더 이상 바랄 게 없을 것 같다. 아름답고 풍요로운 시간을 꿈꾸는 모든 사람들에게 나의 이 작은 시간의 선물을 드리고 싶다.

　이제 남는 시간
　함께 만나 웃고 대화하며
　모든 사람들이 더욱 행복해졌으면 좋겠다.

반세기의 삶을 마치며
세상에서 제일 아름다운 제주 약천사에서

세상에서 제일 행복한 사문 성원 합장

차 례

서원보다 더 아름다운

문아 열리어라

부끄럼 없이
나를 날

+essay

서원보다
더
아름다운

언제쯤일까
우리의 삶이
이토록 정갈히 다듬어질
그날은

작은 속삭임

시작은
언제나 가녀린
떨림

처음 열릴 때
하늘도
그 용맹하던
대웅大雄의 처음도
저토록 작은 모습이었다

거센 여름의 폭풍우
온산 가득한 만추의 홍엽
세찬 설한의 눈보라
모두 길러내는
이 작은 속삭임

또 다시
봄이 오고
미세한 변화를
꿈꾸어야 한다

언제나
떨리는 설레임으로
온통 세상
바꾸어 가는
큰 꿈

새순

어느
결 깊이 숨었다
경칩 한 나절
넘기지도 않고
환히 드러내고
새록한 새순

의식마저 잠들어
영겁같이 웅크린
계절의 뒤안길
더욱 부끄러운
철 지난 자화상

어찌하려고
저리도 세세히
온 나신 드리우고
봄은 살랑살랑
또
내게 다가와
옷
벗어라 하노
벗어 보아라 하노
벗어 버려라 하노

굴뚝

삼키고
참아야 했던
불타는 열정도
비명보다 짙은
마지막
열기마저 식히고
창공을 향해 선
긴 긴 세월

문득
열린 창으로
바라보는
어쩌면
나의 몸부림을
고스란히
담고 서서

빛깔조차
조금도
다르지 않아
무채색
작은 문양들
더욱 고웁네

창 너머
또 다른 내가
나를 바라보네

서원

무엇이었을까
천년 부동한
이토록 강한 서원은

누구였을까
천년 세월
낯설지 않는 서원을
세웠던 그 사람

오늘까지 지켜온
사람 사람 사람들
천년의 약속을 열어준
또 한 사람

다시
천년의 빗장이
걸쳐지기 전에
가을빛보다 깊은
남 모를 서원 하나
걸어두고 싶다

누구일까
너와 나 손잡고 담아 둔
붉은 서원 하나
후천년에 펼쳐들고
눈물 흘릴
낯익은 그 사람

해인사 법보전과 대적광전에 모셔졌던 비로자나 부처님은
천년 전 신라 진성여왕의 애틋한 사랑의 서원을 담고 조성되었다고 한다.

만나고 싶은 사람

조주의 할
덕산의 몽둥이도
모두 녹여버린
산하의 불꽃

붉은 손 깊게 흔들며
바람결로 부르지만
창호문 굳게 걸고
버티고 앉았다

꿈꿔 온 세월보다
더 깊은 꿈속의 시간들
이제 다시 깨어나
모두 불태워 버리고

불쑥 낯익은 타인처럼
문 발길질로 뛰쳐나오는
이 가을에는
그 사람을 꼭 만나보고 싶다

초설

내리는 눈보다
날리는 바람이 더 많은
초설初雪

천연히 쌓으며
비켜 앉은 담장 길에서
신화보다 아스라한
고행의 전설이 들려오면

와버린 길보다
더 두려운
가야 할 길 앞에서
떨고 있는 나그네

부끄럽고
부끄러워 두려운
첫눈 앞에 서면
언제나 나는
내게 이방인이 된다

발자국 없는

걸음

오래도록
혼자였던 길
천년 세월도
묻어버린
새해 새 걸음

뉘라서 저리도
흔적도 없는
가벼움으로
파아란 하늘 향해
걸어가실까

뒷걸음에 서서
바라보면
더욱 아려오는 가슴

창공의 긴
기러기 줄같이
세상사 두루 접고
발자국조차 없는
걸음
나도 나서고 싶다

연등

서원으로 손잡고
에워싼 인드라망
천년 세월을
움쩍 않던 석탑도
우진각 날림으로
미소 지우네

깨어질듯 아름다운
이 밤에사
별을 헤아리던
소망이라도 들고
흠뻑 눈물 지우며
서성이고 싶다

설령
잊혀진들 또 어떠리
서원이라 고이 포장해
욕심으로 밝혀본
붉은 등 하나

아해야

자라서 슬픈
부끄러운 자화상
열두 폭 장삼자락에
감추어 두고

연등 불 밝히고
백주 대낮에
찾아, 찾아 나설 때
목련이 먼저 알아
환히 미소 지으며 길 밝히네

아해야
잃어버릴 네 꿈들이
그토록 찾아 헤는
내 작은 소망이거늘
아해야
멈추어 보렴

천년토록 만년토록
천만년토록
그대로 지금 그대로
천진불 그대로
이 봄에사 제발
아해야
멈추어 꽃 되어 주렴
잃어버린 꿈이 되어 주렴

누구를 위하여
등을 밝힐 것인가

누구나 첫 경험은 오래도록 기억할 것이다.

오랜 세월 타 종교에서 생활하다가 어느 날 문득 결별을 선언했다. 이유는 너무도 간단하고 분명했다. 진리라 부르짖는 그곳에서 통 마음의 평안을 얻을 길이 없었기 때문이다. 그때 그런 결심을 하고 나니 마음은 무척이나 가벼웠고 행동으로 옮기는 데 별달리 힘들 것이 없었다.

'진리를 찾아 살아가자. 지금 몸담고 있는 이것이 진리와 부합한다면, 진리를 찾아 살아가노라면 필경에 다시 만날 것이 아닌가!'

그날 아니 그 순간 이후로 자유의 몸이 되었고 새로운 관점에서 삶을 바라보게 되었다.

산을 좋아해 주말이면 언제나 산을 찾아 나섰다. 절기로 이때쯤 되었을 것 같다. 오대산은 여러 차례 산행한 경험이 있었지만 산사山寺는 그 당시 완전히 관심 밖이었다. 어쩌면 오히려 피해야 한다는 의식을 가졌다고 해야 옳을 것이다.

그해 봄 산행에서는 내면의 변화가 있었던 이후여서 그런지 유독 산에 산사가 있다는 사실이 그렇게 정겹게 느껴질 수가 없었다. 마치 난생처음 산사를 본 사람처럼 내게 월정사는 무한한 신비로 다가왔다. 고요한 숲과 그곳에서 느껴지는 평화로움, 일주문을 지나 산사까지 가는 진입로의 울창한 전나무 숲은 더욱 나를 함몰시켰다. 그제야 이 모든 것이 산사에 의해, 산사를 위해 이렇듯 천년의 세월을 꾸며 왔음을 알았고, 그제야 산사의 신비를 맛보게 되었고, 정말이지 이전까지의 산행은 반쪽 산행에 불과했다는 것을 알게 되었다.

월정사를 거쳐 상원사로, 그리고 중대 보궁을 지나 정상까지의 산행에서는 무한한 에너지를 부여받는 것만 같았다. 특히 보궁의 힘찬 기운은 산행의 힘겨움을 잊게 하기에 충분했다. 그때는 보궁이 지니는, 진정한 불세존의 위신력을 발현하는 깊은 의미를 알지 못했지만 예전의 느낌과는 많이 달랐다.

일행보다 일찍 등산을 마치고 혼자 월정사로 내려와 찬찬히 산사의 이곳저곳을 보게 되었다. 너무도 신비로웠다. 마치 나 자신이 이방인인

듯한 느낌마저 받았다. 하나의 사상과 종교가 이토록 소중한 모든 것으로부터 우리를 가두어 버리고 자신들의 주장을 강요했고 그것을 아무런 여과 없이 받아들였던 지난날이 자꾸만 초라하게 느껴졌다.

팔각12층석탑과 탑 앞에서 자신의 모든 것을 바칠 듯 간절한 모습으로 앉아 있는 석조 보살의 모습은 대웅전의 힘찬 기운과 어울려 내게는 벌써 오대산보다 크게 자리 잡아 가고 있었다.

그날 의식적으로 나는 난생처음 법당에 들어갔다. 첫 경험이었는데도 아무런 두려움 없이 편안했다. 예법에는 맞지 않았겠지만 정성껏 나도 모르게 절을 했다. 그러고는 돌아서 나오려는데, 초파일이 가까워서인지 등을 단다고 법당을 지키고 있던 보살님이 내게 등 달기를 권선해 주었다. 사실 어떻게 등 다는 데 참여할 수 있는지 몰랐던 나는 보살님의 권선이 무척 고마웠다.

등표를 주면서 축원하고자 하는 사람의 이름과 주소를 적으라고 했다. 순간 누구의 이름을 적을까 한참 생각하였다. 내가 망설이고 있으니 보살님은 자신이 바라는 일이 있으면 적으라고 했는데, 그 당시 호기에 차서 인생을 살아가고 있던 나는 누구에게 아무것도 빌고 싶지 않았다. 무엇보다 누구에게 의지해 힘과 지혜를 구하기 이전에 나 자신이 인간이 할 수 있는 최선의 노력을 경주해야 한다고 생각하고 있었고, 자신의 일에 최선을 다한다면 반드시 성현들의 도움이 있을 것이라 확신

하고 있었기 때문이다. 결국 부모님과 어린 조카딸의 건강을 부처님께 기원하는 것으로 나의 첫 등불 발원은 이루어졌다.

월정사에서 밝힌 등불공양의 위신력인지 몰라도 오래지 않아 출가의 길을 걷게 되었고, 나는 늘 나 자신이 출가하여 승가의 일원이 되어 부처님 진리의 큰 바다에서 마음껏 유영할 수 있다는 것을 더없는 큰 기쁨으로 생각하고 있다. 이렇게 큰 기쁨의 세상에서 살 수 있는 첫 인연이 된 월정사를 나는 잊을 수 없을 것이다.

이제 또 초파일이 다가오고 모두가 자신의 안일과 이익을 위해 등불을 밝히려 할 것이다. 어쩌면 개개인의 기쁜 삶이 모여 행복한 사회를 이룩하는 것이 사실인지도 모른다. 그러나 올해 초파일에는 부처님께 기원하기 이전에 스스로 최선을 다했는지 한번쯤 돌이켜 생각해 보았으면 한다. 물론 올바로 살겠다는 의지를 부처님 전에 맹세하는 발원과 서원의 등불은 많이 밝힐수록 좋겠지만 우리들이 가장 먼저 생각해야 할 일이 무엇인가를 한번쯤 생각해 보아야 할 것이다.

이번 초파일에는 무엇보다도 매일 신문의 첫 면을 장식하는, 기아에 허덕이는 북녘 땅의 우리 동포를 위해 등불을 밝히고 싶다. 남북 모든 사람들에게 부처님의 차별 없는 자비광명이 비추어지기를 기도하고 싶다. 전면광고로 다이어트 비결이 실리고, 살 빼는 약 광고가 가득 실리는 신문에서 굶어 죽어 가는 가까운 이웃의 이야기를 보노라면 우리 사회 전체가 너무나 큰 죄를 자신들도 모르게 짓고 있다는 생각을 떨칠 수가 없다. 우리 이웃에 생존을 위한 최소한의 음식마저 제공받지 못하는 무수한 어린 아이들이 있는데, 비만을 걱정할 정도로 자기 아이들을 키워서는 안 될 것 같다.

부처님이 살아 계실 때 뚱보가 되어 버린 국왕이 어떻게 살을 빼야 할지를 부처님께 물어 온 적이 있다. 그때 부처님께서는 항상 음식을 대할 때마다 이 음식의 소중함을 먼저 생각한 연후에 먹으라고 가르쳐 주셨다. 그 국왕은 점차로 과식과 음식 낭비를 하지 않게 되었고 훗날 알맞은 체중으로 돌아왔다고 한다.

자신은 물론이고 어린 아이들에게 자신들이 쉽게 낭비하고 과식하는 음식이 때로는 죽어가는 생명을 되살릴 수 있음을 일깨워 주어야 할 것이다. 우리들이 지금 굶주림에 허덕이는 북한의 실태를 보면서 남한 사회가 우월하다는 왜곡된 자만심을 가지기 이전에 그들의 고통을 헤아려 주지 못하고 그들을 돕지 못하고 있음을 뉘우쳐야 할 것이다. 자신의 어린 아이들에게 남을 생각하지 않고 자신의 배를 채우기에 급급하게 가르쳐서는 안 될 것이다. 서로를 위하며 살아가는 방법을 가르치기 위해서라도 올해는 그들의 고사리 손으로 북녘의 동포들에게 굶주림이 없게 해 달라는 소원의 등불을 밝히도록 이끌었으면 한다. 우리 기성세대가 다하지 못한 이웃사랑을 어린이들의 세대에서는 반드시 성취할 수 있게 해야 하지 않을까.

올해는 진정 가장 고통받는 동포들을 위해 가난한 등불을 밝히고 싶다.

산
숲

산에 숲 있는 게 아니다
숲속에 산이 있다
산에 절이 있는 게 아니다
절 둘레에 산이 있다

산에 있어
암자가 아름다운가
암자가 있어
유월 푸르른 산은
겨우 생명을 얻는다

암자에 머물러 있어
산승이 그리운 게 아니다
문 걸고 산승이
하릴없이 앉아 있어
암자가 더욱 고즈넉하다

산하가 저리도 푸르건만
산승은 혼자 앉아
붉은 낙엽을 먼저 본다

고갯마루에서
그곳 산 숲을 보면
욕심으로 바빴던
하루 일과가
더없이 부끄럽다

외나무다리

혼자만의 길이었다
되돌아 갈 수 없는
손잡고 갈 수 없는
내川를 건너는
외나무다리

얼마나 많은 사문이
얼마나 오랜 여름이
이곳을 서성이다가
되돌아오지 못하는
길
넘어갔을까

잠시 다리 위에서
여름 힘찬 물살에
띄워버리고 싶은 것
하나둘 헤아려본다

외롭고 짧은 생生
마저 건너기 전에
버려야 할 것
어찌 이리도 많을까

부도

사바의 긴 여정
아우르지 못한 일들
응고된 혈흔은
붉은 낙엽이 되고

부도는
고인을 위해
긴 세월 외로이
서 있는 게 아니다

살아생전
미처 알지 못한
한 줄기 햇살
그 따사로움

이득한 자와
잃어버린 자
모두에게
사무치도록 숭고한 의식
열반 앞에 잠시
멎은 발걸음

합일

둘이 될 수 없는
한 우주가 둘이 되고
하나 될 수 없는
두 우주가 하나 되었다

바이로차나
그 빛 비치기 전에
우리 손잡아도
하나 되지 못했고
비로자나 빛 안에서
너와 나 손 놓아도
둘이 되지 못하네

끊임없이 분열하는
내면의 조각, 조각
아집의 집착력으로
쌓아올린 인아상人我相
우주를 감싸버린
지권인 앞에서
깨이져 내리는 아인상我人相
붉은 파편들

꿈! 꿈 아니고 싶다

백
천

백천^{白天} 한 계절
말이 없는
무정한 법신탑

피 토해 울리신
간절한 법음
꽂아둔 주장자
가지 가지에
또 다시 꽃피고

백일 붉은 꽃잎
흔들어 떨구우고
주장자 꺾어 만들어
하루같이 백일을
토해 내던 그 사자후
누가 있어 가야골에
천년 메아리 또 다시
울리우실까

오늘은 단지
녹음 너무 짙어
그림자조차
숨겨져 버렸네

백일홍 나무 굽은 결로
스님들이 법문하실 때 사용하는 주장자를 만든다.

문아 열리어라

여름 다 지나도록
열리지 않은 문에는
낙엽이 추억처럼 날아와
햇살 길도록
문 두드리다
그리움의 문양이 되고

법음에 목마른
중생 중생들
찬 바람 이는
모진 가을
또 어찌 견딜꼬

안으로 걸어 잠근
사문의 빗장
책장 넘기듯
이 가을에 활짝 열리우고
흰 눈 위에 파초
새록히 피어오르면
팔 하나쯤이야
낙엽처럼 쓱 잘라
드리울 수 있으련만

오늘도 잠기어진
문
문지방 앞에서

부지깽이 같은 삶

오늘 벌써 아라비아의 슬픈 자화상 같은 초생달이 작은 별 하나를 데리고 산마루에 앉아 밤을 부르고 있다. 지난 시월 보름에 동안거 결제를 했으니 보름이 더 지났다. 그동안 배추를 뽑아서 김장을 담그고 몇 차례의 추위를 맞으면서 선원과 강원과 율원 그리고 외호를 맞은 대중들이 각자의 처소에서 충실히 겨울 공부를 하고 있다. 추위에 맞추어 하나 둘 동절기 의류를 준비하고, 외풍이 많은 앞방 스님은 문풍지를 달고 커튼을 둘러 방을 요새같이 튼튼히 하여 동장군과 한판 결전을 준비하고 있다.

얼마 전에는 눈까지 한차례 내렸다. 하지만 겨울이 충분히 성숙하지 못한 탓에 이내 녹아 버리고 지금은 눈물을 머금은 땅이 밤에 얼었다가 하오의 햇살에 녹았다 하면서 제법 질펀하기까지 하다. 산사의 기온은 결제가 시작될 때보다 훨씬 낮지만 준비된 추위라서 몸에 느껴지는 추위는 덜한 것 같다. 이렇게 한 해의 겨울이 서북풍을 몰고 서서히 우리 곁으로 다가오고 있다.

천년의 세월에 변화가 없을 것만 같은 산사도 세상의 변화에 따라 조금씩 변화하고 있는데, 겨울철 난방 방법의 변화도 그 중 하나일 것이다. 대부분의 사찰에서 기름보일러를 설치한 것도 벌써 오래되었다. 한때 산림녹화를 부르짖으며 땔감으로 사용할 나무조차도 자르지 못하게 하면서 이러한 변화는 더욱 가속화되었다. 그러나 송광사는 아직 불을 지피는 아궁이가 제법 남아 있어 옛 정취를 가까이에서 느낄 수 있어 좋다.

처음 출가하여 행자 시절에 지금도 군불을 때는 도성당에 불을 지피는 화대 소임을 맡은 적이 있다. 지금은 도성당 노스님도 입적하셨고, 지난 가을 산철에는 구암 노화상마저 이 겨울 따스하게 군불을 지핀 아랫목의 온기를 한 번 더 느끼지 않으시고 시적하셔서 결제하고 49재를 보셨다. 마지막 임종 때까지 그토록 열심히 정진하신 노화상께서 천연히 가시는 길을 어린 후학이 염려할 바는 아니지만 뒷자리를 바라보는 마음이 자꾸 서운하다.

우리들이 머무는 비니원에는 불을 지피는 아궁이가 여섯 곳이나 된다. 남쪽 옛 채는 한 곳에서 세 아궁이에 불을 지피게 되어 있어 우리들

끼리 당번을 정해 일주일씩 교대로 불을 때기로 했다. 지난주에는 드디어 내가 화대 소임을 보게 되었다. 오후 4시에 각자 소임을 시작하므로 그때를 맞추어 불을 지피면 되는 것이다. 절 아궁이는 누가 만들었는지 한결같이 불이 잘 든다.

며칠 전 눈이 내리던 날은 불 때는 것이 그토록 즐거울 수가 없었다. 눈 내리는 고요한 산사의 기운을 알기라도 하는지 연기마저 위로 오르지 않고 마당을 살금살금 기면서 더욱 신비함을 자아냈다. 우리들 마음속의 번뇌같이 훨훨 타는 아궁이의 붉은 불꽃, 부처님의 한없는 자비심같이 펑펑 내리는 하얀 눈송이, 천진한 어린이들처럼 술래놀이라도 하듯이 마당을 살금살금 기어 다니는 연기와 저녁 땅거미, 아궁이 앞에 앉아서 바라보는 담장 너머 대밭의 설경….

무척이나 고즈넉하고 어느 것 하나 아름답지 않은 것이 없다. 그 순간은 그야말로 작은 이상향에 들어와 있는 것만 같았다. 한참을 아궁이 앞에 앉아 지펴 놓은 불이 알뜰히 타는지 뒤척이다가, 일주일도 안 되는 짧은 시간에 제법 길었던 부지깽이가 어느새 조금씩 타 버리고 이제 더 이상 부지깽이로서 역할을 할 수 없을 정도로 짧아진 것을 보고 무심히 아궁이에 집어넣고는 많은 상념에 잠겼다.

젊은 한때 '모든 사람들이 스타가 되기를 바랄 때 하염없이 스타를 바라보는 팬이 되어 살자'고 생각한 적이 있었다. 무엇을 성취하고자 하던 삶의 열정에서 탈피하여 스스로 순수를 가꾸어야겠다는 의식이 깊을 때였던 것 같다. 스타의 위대한 업적도 좋지만 어떤 동경의 대상을 가지고 살아가는 팬들의 순수함이 무척이나 아름답게 느껴졌기 때문이었다. 그 동기가 된 것은 비틀스와 관련된 영상물이었는데, 한 소녀가 많은 군중에 밀리어 그들에게 가까이 다가서지 못하자 그들이 밟고 지나간 잔디의 발자국을 끌어안고 감격해 우는 모습을 보고 난 후부터였다. 정말 가슴을 울리는 장면으로 아직도 잊혀지지 않는다.

그날 이후로 나도 언젠가는 저토록 순수하게 누군가 혹은 무엇인가에 한없는 애정을 가지는 팬으로 남기로 했다. 그후로 누군가 나의 전부를 받아들여 줄 대상을 찾아 한동안 헤매었다. 그러던 어느 날 나의 온 젊음의 열정을 한순간 팬의 순수한 마음으로 돌려놓는 대상이 나타났다. 인생에서 보면 늦었다고 할 수 있을지 몰라도 20대 후반에 더없이 아름다운 한 사람의 삶을 찬찬히 바라보게 되었다. 그때의 환희심을 난 결코 잊지 못한다. 며칠이 어떻게 흘러갔는지 알 수 없을 정도로 푹 빠져 버렸다. 난 누구에게나 당당하게 그의 팬임을 드리내었다.

'고타마 싯다르타'의 삶은 2,500년의 세월이 지났지만 여전히 찬란한 빛을 발하며 그렇게 내게 다가왔던 것이다. 그 후 한걸음에 부처님께서 많은 사람들에게 권유하신 출가자의 삶을 나도 함께 살고자 길을 나서게 되었던 것이다.

송광사로 출가하여 삭발하고 행자생활을 하면서 시작된 출가자의 생활은 정말 꿈결같이 행복하게 흘렀다. 세상에 이렇게 자신이 사랑하는 스타와 24시간 함께 생활하는 사람들이 있을까? 하지만 시간은 모든 열기를 식히는 묘약을 지녔는지 오늘날 나의 모습에서 예전의 한없는 동경과 순수했던 열정을 찾아내기는 점점 힘든 것 같다.

청년불자 때는 환희에 차서 법당을 찾아 절을 하고, 불법의 단편이나마 찾아 듣고자 귀를 기울였는데, 이제는 아무리 둘러봐도 그러한 열정은 보이지 않는 것 같다. 새벽예불에 108참회를 할 때에도 자꾸 몸이 무거워지는 것만 같고, 그렇게 큰 범종 소리에도 일어나기 힘들어 자명종을 2개씩이나 맞추어 놓아야 그나마 편히 잠들 수 있다니….

자꾸 순수했던 열정을 잃어버리고 살아가는구나 하는 생각이 들었는데 오늘 다른 나무의 타는 것을 돕다가 어느새 자신마저 타 버린 부지깽이를 보면서 많은 생각을 하게 되었다. 같은 땔감에서 선별된 부지깽이는 자신이 나무로서 방을 데우는 데 직접 쓰이지 못하지만 다른 나무들이 타는 것을 도와준다. 더욱 놀라운 것은 그러한 사이에 자신도 더 이상 부지깽이의 역할을 할 수 없을 정도로 타 버린다는 것이다. 일주일쯤 이용하고는 너무 짧아졌기에 무심히 아궁이로 집어던져 버렸는데, 던지고 나서 생각하니 무척 미안했다. 누구에게나 자신의 존재는 소중할 것인데도 마치 한국의 어머니들처럼 한 번도 자신의 소리를 내지 아니하고 평생 남을 도우며 그렇게 희생하며 살아가는 것이다. 그 아름다운 생의 마감을 좀 위안이라도 해 주었어야 했구나 하는 생각이 들었다.

잠시 부지깽이의 숭고한 삶과 소멸을 애도하다가 젊은 시절의 아름다운 영원한 팬의 순수로 남지는 못할지언정 이제부터는 부지깽이처럼 나도 다른 사람을 도우며 살다가 흔적 없이 마지막 삶을 거두어야겠다는 생각이 들었다.

아궁이는 부지깽이마저 삼키고도 저 혼자 신이 나서 훨훨 타오르고 있다. 밤이 깊어지면 따스한 아랫목에 누워 나는 잃어버린 순수를 꿈꾸게 될 것이다. 아궁이에서의 망상이 너무 길었던가, 멀리서 저녁 종소리가 나를 바삐 부처님께로 가라 한다. '눈이 와서'라고 하지만 법당 가는 발걸음이 가볍다. 그래도 아직 붓다는 나를 끝없이 순수한 팬의 마음으로 남아 있게 하는 영원한 나의 스타임에 틀림이 없는 것 같다.

간밤 깊은 구름
마저 털어버리고
청천 하늘에
빈 마음 걸어두고

천지에 찬 기운
사무치는 뼛대 세워
백설에 발 묻고
봄 나비 아지랑이
노래 부르는
대장부의 하루살이
참으로 넉넉한데

말없는 벗
소리없이 찾아와
문풍지 창 열고
겨울 더불어
차나 마시려니

담장 너머 기웃대는
봄 기척!
찬 눈 밟으며
또 마중 나가네

총림의 문

언젠가
설레임으로
들어온 문으로
다시 나아가야 하나니
흰 눈 사무친
총림의 문은
언제나 열려 있다

천고千古의 길이를
단지
긴 지금 이 순간이라고
전나무에게 먼저 알려준
그 사람도
이 문으로 걸어 들어와
이 문으로 걸어갔으니

이 겨울 웅크리고 앉아
전나무 가지 쩍
갈라지는 소리에
천지天地도 하나
열 만도 하건만

오늘은 다만
총림에 내린 눈이
서원보다 더 아름답다

꿈꾸는

사람

삼백 개의
만월이 허공을 가른
숱한 이야기들
어느 때는
남들보다 앞선 시간을
살아야 했기에
더욱 고단했고
때로는 살아간
뒷모습을 아름답게 살피느라
더욱 분주하기도 했다

이제
긴 호흡에 차가운
한 계절 들이쉬고
삼백에 다시 삼백을
더하려는 이 순간
누가 있어
이 고단한 일상을
함께해 준다면
다시 시작하는 내일의
자양이 될 수 있으련만

세월은 스스로
흘러감도 이니요
다가오는 것도 아니다
꿈꾸는 사람 있어
세월을 불러들였고
추억이 아픈 사람들이
흘려보내려 애썼다

만행 길

이제 긴 길 나서며
가지기보다
버리기가 더 어려움을 알겠네

두 기둥마저 버려두고
가까스로 버티고 선
일주문
아직도 나의 삶은
모자라 초라한 게 아니라
너무 가져 부끄럽네

석 달을 아프도록
부둥켜 온 화두 하나
뜰 앞 전나무 가지에
잠시 걸쳐두고
떠나보고 싶은
만행길

자유로움보다
흐트러짐을
먼저 알고
노려보는 금강역사

그래도 도반과
함께하는 발걸음은
아지랑이보다
가볍기만 하네

그리운 가야산 해인사

그리움은 어디서
와
어디메로 숨었을까
천승千僧의 고향이요
만단월萬檀越의 귀의처로
만족치 못하고
저리 아름다운 자태로
다시 또 손짓하네

한 줄 글을 던져
이 사무치는 그리움을
묶을 수 있을까
차라리 터질 듯한 가슴
터지도록 목쉬게
불러 젖히고도 싶다

봄은 아직도
너무 향내기 강하다
삼각은 아직도
세사에 너무 민감하다
다시 넘어 나오지 않을
고요의 바다에
도장을 찍을 날
그 언제쯤일까

당신

꽃이 제아무리
아름답기로
그 환희의 순간을
대신할 수 있을까
두 천년 넘어서도
흐트러지지 않는
영원의 꽃은
언제나 맘에 피고

다시 한 번
당신의 나투심을 위해
기다려온 시간들
차라리
창공의 푸르름도
꽃 붉음도
비길 수 없어라

오늘 두 손 받들어
한 줄기 청정수로
당신을 씻기우는 게 아니라
당신 앞에 서면
한없이 쏟아져 나오는
아만과 거짓과
숱한 욕심을 씻고
또 씻고 싶습니다

그리고
다시 밤이 오면
저희 앞에
나투실 당신을
꿈꾸고 싶습니다

석탑 1

청산에 묻히어
청풍에 닳기우면
창공은 어느새
말없는 벗이 되고

그날 그 석수石手도
그려낼 수 없었던
고이 드리운
세월의 빛깔

당신 앞에 서면
숨 가누지 못해
농아가 되고
시리어 눈먼
장님이 되고

세상사 다 잊은
유월 장마보다
하염없는 마음
언제나 나는
숭고한 경배자

석불

응시하는 자와
응시당하는 자
끝없는 상관성을
영단永斷해 버린
천애의 벼랑에
헌좌獻座 한 안목眼目

스스로 갇혀지고 싶게
나를 만들어 버리는
산정 높이 올라선
칠월 장마
장마 속 돌부처

굳이 무슨 세상사
가리울 게 있을까마는
제 스스로를
부수고 부수어
날으는 물방울 되어
애써 앞 막아주는
안개의 깊은 속내

올 칠월
얼마나 더 깊은
장마가 오려나

문아
열리어라

이제 긴 호흡에
차가운 한 계절 들이쉬고
삼백에 삼백을 더하려는
이 순간

그리고 여름

삼복의 화염조차
식혀버리는
너른 폭 장삼에
감추어진
인욕과 정진의
한 조각 푸른 마음

훔치고 싶은
오롯한 생애
닫혀진 문 만큼
단절해보고 싶은
세상사들

멈출 수 없는
번뇌망상
멈추고 싶은
이 시간
이 호흡
이 여름

시간이 삼켜버린
공산
그 안에 갇혀진
시간 속에서
잊고 싶은 추억과
놓아 버리고 싶은
자아!

당간지주

창공이 삼켜버린
위없이 휘날리던 깃발
굳은 주춧돌마저
대지로 녹아버린
한 세월의 뒷모습

누가 다시
영겁토록 뉘어지지 않는
차가운 지주에
당幢을 꽂아
당당히 휘날리는
주인공 될까

여름의 뒤안길
사라진 대지의 열기
살아남아 꿈틀이는
열정 홀로
가을을 준비한다

석탑 2

세월의 고운 담금질일까
욕심없는 주승住僧의
심성을 닮았을까
가녀린 석탑 곁에서
더욱 풍성한
나뭇잎

이왕지사
들어선
버려야 아름다운
삶의 터전에서
발가벗지 못하는
삶의 넋두리들
소멸시키지 못하는
주체와 이념의
피곤한 일상들

차라리
이번 가을엔
저 무심한 석탑마냥
모두 망상 벗기우고
더없이 날렵하게
낙엽같이
탑과 같이
잊고 지고 살고싶네

울림

울림은 찢어지는 아픔보다
언제나 더 크게 소리 높이려 한다

그 누가 알아줄까
살아 마저하지 못한 한스러운 삶의 몸짓
죽어서 남긴 가죽 한 장
차라리 일생 소리친 메아리보다 더 큰 울림

가죽 찢기어 북이 되는 축생
북 두드려 번뇌 달래는 사문
그 소리 듣는 중생들

언제쯤 올까
모두 텅 비어
할 일 잊을 날

노승

나누어 행복해지고
비워서 가벼워진
노승은
그 많고 많은
좌절과 참회와
성취와 자비를
어찌 다 녹였기에
저리도 가는 지팡이에
가벼이 몸 기대고
낙엽처럼 평화로울까

서투른 인연
모질게 끊어버린
수많은 상처들
욕망과 욕심,
정의라는 이름으로
멍들게 한 가슴들
가득 차 내려놓을 곳
찾을 수 없는 아상我相
이 부끄럽고
비만한 몸둥이 지탱해 줄
노년의 지지대는
어디서 찾아야 할까

고향으로
가는
발자국

흰 눈 위를 걸어도
흐트러짐을 고뇌하던
선사의 이야기로
발걸음이 더욱 무겁다

누가 이 하찮은 걸음을
눈여겨나 볼까

삭풍에 여민 옷깃 사이로
밤이 깊으면
　　찾아드는 이 없는
눈 쌓인 산사
긴 겨울앓이

눈길 위로 난 발자국들
거침없이 올랐던 길은
심연의 고향으로
　　다시 돌아가는 길이 됨을
겨울이 있기 전엔
그 누군들 알았으랴

무소의 뿔처럼
'참나' 찾아 떠나자

처서가 지나자 아침 공기가 제법 쌀쌀해졌다. 유독 차가운 기운을 좋아하는 덕에 이런 아침이면 무척 기분이 좋아진다. 마치 이 싸늘해진 아침공기를 한번 마시고 나면 세상의 모든 사람들을 이해하고 받아들일 수 있을 것만 같다는 생각이 든다.

사람들은 누구나 자신이 좋아하는 것을 가지고 있다. 누군가가 우울해하거나 스트레스를 받고 있으면 평소 그가 좋아하는 분위기를 연출하여 기분을 풀어 주려고 한다. 그래서 맛난 음식을 먹으러 가기도 하고, 아름다운 음악을 듣기도 하고, 영화를 보기도 하고, 때로는 아름다운 대자연을 보면서 기분을 전환하기도 한다. 이 모든 기분 전환이라는 것을 살펴보면 결국은 오감을 통해서 정신적인 개념인 기분을 전환하는 것이다.

손오공이 오온산에 갇혀 오랜 세월을 보내다가 삼장법사를 만나고서야 풀려나 자유의 몸이 되었다는 것이 어찌 고전 속의 이야기로만 치부될 수 있겠는가? 불법에 몸담고 살아간다지만 아직도 손오공이 갇힌 다섯 감각 덩어리에 끄달려 살아가는 자신의 모습을 관찰하고는 그저 구슬픈 미소를 지으며 쓸쓸해할 뿐이다. 한 줄기 이른 가을바람에 마음이 흔들리는 나는 진정 누구일까?

지난주에는 국민 1,000만 명이 봤다는 영화 '해운대'를 보고, 바쁜 서울 출행 길에는 르누아르 그림 전시회를 기어이 보고 말았다. 매일 아침 아름다운 음악을 찾아 듣고, 그래도 염불할 때 아름다운 음곡을 내려고 정성 기울이는 것은 봐줄 만하다. 부처님이야 다섯 가지 감각을 초월하신 분이니 어찌 우리의 미성에 마음 동하시겠나만 예배 드리는 자의 맘은 그렇지가 않다.

언젠가 은사스님께서 엉성하게 쓰여진 한 장의 글을 무척이나 소중히 여기시기에 여쭈었다. 스님께서는 이 글은 자운 율사께서 직접 쓰신 글인데 『율장』에 글이나 목소리를 너무 꾸미려 하지 말라고 되어 있어 자운 큰스님께서는 그저 정성 기울여 쓰실 뿐 모양을 예쁘게 하려고 힘쓰지 않았다 했다.

어른들께는 언제나 배울 점이 많다. 사실 스님께서는 하룻밤 새 수천

장의 글을 쓰시며 당신의 서도書道를 닦으시는 분인데 정말 예외의 말씀
이었다. 그저 스스로의 수행으로 글씨를 쓰시는 것만 같다.

　사실 소극적인 의미로 완성된 인생을 말한다면 우리 생에서 탐·진·
치 삼독을 제거하면 그나마 온전한 삶을 꾸려 간다고 할 수 있을 것이
다. 그중에 화를 낸다는 것은 육진六塵의 집착에서 비롯되는데, 육진 중
다섯 가지가 감각기관의 작용인 것을 보면 일찍이 부처님께서 우리 중
생의 삶이 일생 내내 이 다섯 도적의 놀음에 놀아나고 있다고 하신 말
씀은 아침 싸늘한 기운보다 깊이 가슴에 저미어 든다.

　『불설비유경』에 나오는 '안수정등岸樹井藤'은 참배객들이 호기심 어려 찾
는 벽화 중 하나이다. 감각적 즐거움에 빠져 생사를 윤회하는 인생에
대한 비유로서 코끼리는 무상하게 흘러가는 세월을 의미하고, 등나무
넝쿨은 생명을, 검은 쥐와 흰 쥐는 밤과 낮을, 작은 뱀들은 때때로 찾아
드는 병고를, 독사는 죽음을 의미한다.

　이러한 급박한 상황에서 우물에 떨어지다가 한 줄기 등 줄에 매달린
사나이는 한 방울씩 떨어지는 꿀의 달콤함에 빠져 그 꿀을 받아먹느라
고 모든 공포를 다 잊어버리고 만다. 이 아침 한 줄기 차가운 가을바람
에 이렇게 고무되어 버리는 삶을 사는 자신이 갑자기 더없이 부끄럽게
느껴진다.

또한 시간과 공간에 대한 사람들의 지적 욕망이 끝날 날이 있을까? 우주를 향한 한없는 인류의 호기심은 가히 끝이 없다고 할 수 있을 것이다. 감각을 좇아 보다 나은 것을 추구하거나 한없는 공간에 대해 탐색하고 온 세상의 퇴적층과 화석을 뒤지면서 시간을 탐색하는 이유가 무엇일까? 어쩌면 우리들은 스스로 완전하지 못한 자아에 대한 불안감을 자꾸만 외부로 분출시키는 것이 아닐까 하는 생각이 든다. 현재의 이 순간에 만족하지 못하면 온전한 행복을 이루지 못한 데 대한 불안감으로 먼 미래와 오랜 과거를 뒤적일지도 모를 일이다.

사색의 계절 가을이 돌아왔다. 올가을에는 정말 부처님 제자답게 다섯 가지 감각기관에 좇기지 말고 스스로 내면의 자아를 찾아 무소의 뿔처럼 혼자만의 여행을 나서 보고 싶다.

석탑 3

가장 오래도록
도량 지키면서
제일 먼저
새벽맞이 일만 하는
석탑

한때
법회를 장엄하던
화려한 불빛
석등도 고요히
역사의 의미만 품은 채
사원을 지킬 뿐이다

풍경을 대신한
전기 풍등
밤새 도량의 안녕을 기원하다가
무자년 여명에
일찍이 자리 넘기네

떠날 때를 몰라
허덕였던 긴 시간들
떨구지 못한
심한 미련들…

새해 새아침
석탑이 먼저
석등 손잡고 마중 나와
집착 애착 이제 다 놓고
자꾸 천년 부동의 세월을
자꾸 꿈꾸자 하네

소리없이
우는 일

숲이 춤을 춘다
한 줄기 장마에
온몸 다 흔들며
산이 일어난다

가을바람 한 조각에
벌거벗어 버리는
나목의 군상들

뭐가 대수로우랴
발 굳게 내리고
염천 한 계절
천년 탑 그림자 아래서
소리없이 우는 일이

나무
아래서

나무 아래서
부처님 태어나시고
나무 아래서
깨달음 얻으시어
두 나무 아래서
열반에 드셨네

지금 그분
아니 계시지만
오랜 인연 좇아
나무 아래에
우리들 다시 모여
그 옛적
마저하지 못한
나무 아래 수행과
봄볕같이 달콤한
감로법 들노라면

나무들이 먼저 알고
숲들이 품고 있네
길고도 오랜
그 울림을

염화미소

그랬었다
그 시절에도
그분은 말없이
그저 한 송이 연꽃
그렇게 들고만 계셨다

종일을 외치다
지쳐버린 목소리
언제나 번뇌는
우리들의 몫
법法의 문門은
너무
소란스럽다

잃어버린
미소를 찾아
연꽃 높이 들고
거리로
찾아다니는
군상들

돌아보면
오늘도
미소 짓고 계실
당신이 그립습니다

풍경

바람이
바람이 경을 읽는다
어디서 왔는지
어디로 가는지
보이지도 않는
바람이
경을 읽었다

보이지 않는
마음이
마음을 찾는다
열하(熱夏)의
장맛비 두터이 막는
결 고운
기와지붕 아래서
마음 찾는
소리 없는 사문들

어느 날
바람 경소리
딱 멈춰지고
그제사 알았네

마음 편히 머무는
한 여름 내내
소리 잃은 풍경처럼
적적할 사람
두터운 기왓장 아래
남 몰래 성성(惺惺)히
숨 쉬고 있네

홍련

삼라만상
푸르름을 뽐내는
여름 한 계절
어쩌면 저리도
고고한 빛깔
쉼을 고를까

칠월 소낙비
호수는 온통
번뇌보다 깊은
잔 파랑 가득한데
미동조차
보이지 않는
저변의 깊이
누가 와 닮을까

바라보다 지어 보는
얼굴 가득
행복한 미소
한 계절 넉넉히
잊고 살아갈
수많은 상념과
잊혀지지 않는
호숫가 그리움

그 빛깔 머금고
여름이 오네
여름이 가네

비碑

한적히 살아온
아름다운 한 생
사사건건 엮어
점점이 수를 놓은
화려한 이력들

계곡 가득한
팔월 장마
그 깊은 운무조차
가리우지 못하고

살아 발버둥 쳐도
온통 가득한
운무 길을 거니는
우리의 생애

이 여름 한철
비碑에 기대어
차라리
당신의 삶에
매달려 보고 싶습니다

노송

그 산에 잠기어
저절로 잠기어
세월도 세상도
다 잊고 살아가는

불러도 불러도
되돌아보지 않는
푸르른 노송의
기상氣像
어찌 아니 닮을까

산에는
산보다 깊은
숲에는
숲보다 푸른
생의
그리움보다 깊은
사람
숨기어 있었네

한 장의 풍경이
때론
한 편의 생애보다
더 강하다
한여름 햇살 묻어
그리움 담은…

산사 초파일

라일락 향 수줍은
사월 탑 둘레
마음 담아 등 하나 걸어 두고는
곧은 소원 하나쯤 이루어질까
촛불은 저미도록 찬히 타는데

초여드레 달빛은 무심도 해라
윤보살 박보살
남몰래 불 밝힌
애기보살 등까지
저리도 빤히 지켜만 보고

낮인 양 밝디 밝은
산사 초파일
밤 잊은 산새
긴 소리 한 자락
서건동진 전해 온 비밀한 소식
이 밤사 애절토록 기다려지네

길

햇살 깊이 가리우고
전나무 기상에도
묵묵부답
옛사람 나선 길
그 길 나서는 사람들

천년의 세월
길 위에서
태어나
길 위에서
길道을 완성하시고
길 위에서
열반에 드신 이야기
오늘 새 아침
흉내내어 보네

모두가 다니는 길
욕심 하나 들고
그 길 걸어보니
그 길일사 그리 쉽지 않아
남몰래 옛사람에게
그 길 돌려주었네

말없는 길에도
주인 있음을
길 위에서야
그 길을 알았네

마음의 양식

인간의 육신이란 것은 생각할수록 신비하기만 하다. 육체뿐만이 아니라 정신 또한 신비롭기는 마찬가지다. 이토록 신비한 육체와 정신의 관계는 수많은 철학자와 종교가들이 연구하였음에도 불구하고 정답이라고 하는 결론에는 도달하지 못했다. 오히려 알면 알수록 더욱 신비하다는 말로 불가사의함을 더할 뿐이다.

불교는 수행의 종교이다. 부처님 당시부터 수행과 관련한 수많은 이론과 방법이 전해 오고 있는데 참선도 그 많은 방법 중 하나다. 현재 한국 불교는 간화선이라고 하는, 화두를 들고 좌선하는 방법을 가장 선호하여 대부분의 사찰에는 참선하는 선원이 있다. 해인사에서는 안거 (스님들이 일 년에 두 번 삼 개월씩 모여서 참선하는 기간) 중에는 반드시 일주일 용맹정진을 하도록 성철 스님께서 청규를 만드셨고, 그 전통은 지금까지 면면히 이어져 오고 있다.

용맹정진은 선원에 있는 스님들뿐만 아니라 사중에 있는 대부분의 스님들도 의무적으로 동참해야 한다. 처음 용맹정진에 참가할 때는 인간이 정말 견디어 낼 수 있을까 하는 의심이 끊이지 않았다. 오직 우리가 의지하는 것은 지금까지 많은 스님들이 죽지 않고 해냈다는 사실뿐이었다. 일주일 동안 절대 누울 수 없으며, 허리를 기대어 앉아서도 안 된다. 밥 먹는 시간과 청소하는 시간을 제외한 모든 시간을 앉아서 좌선해야 한다. 수차례 용맹정진에 참가하며 느낀 점은 인간의 정신과 육체란 정말 불가사의하구나 하는 것이다.

용맹정진은 규율이 매우 엄격하다. 50분 좌선하고 10분간 포행하는데 그 10분 동안 생리 현상을 해결해야 한다. 그리고 좌선 시간에 5분만 늦게 들어와도 그 시간은 내내 서 있어야 한다. 그리고 10분 늦으면 선방을 나가야 하는데, 이렇게 퇴방당하면 3년 동안 해인사에 들어올 수 없게 된다. 이러한 규칙에는 어떠한 예외도 없다. 마치 군에서 공수 훈련에 그 누구도 예외가 없는 것같이….

한번은 용맹정진을 시작하자마자 치통을 앓기 시작한 스님이 있었다. 졸음과 싸우기도 벅찬데 치통까지 겹쳐 정말이지 곁에서 보는 스님들이 안타까워 어쩔 줄을 몰라 했다. 그러나 예외는 인정되지 않았고 견디다 못해 6일째 자진하여 해인사를 떠났다.

저녁 6시부터 아침 6시까지 12시간 계속되는 정진을 하다 보면 정말 이성을 잃을 지경이 한두 번이 아니다. 특히 잠을 깨우는 죽비 소리는 사람들로 하여금 히스테리를 일으키기에 족하다. 차라리 자신이 졸다가 죽비를 맞을 때는 덜하다. 옆에서 누군가 죽비를 맞을 때 들리는 두 쪽의 대나무가 부딪치는 날카로운 소리는 오히려 비명에 가깝다.

범인을 고문하는 방법 중에 잠을 재우지 않는 고문방법이 있다고 들었다. 아무리 강인한 사람도 3일 동안 잠을 자지 않으면 거의 이성을 잃고 만다고 한다. 그러면 어째서 7일 주야를 잠을 자지 않고도 견딜 수 있을까. 아마 그것은 자발적으로 참가했기 때문일 것이다. 스스로 능동적으로 일을 하다 보면 피동적이고 소극적일 때보다 몇 갑절 더 에너지가 분출되기 때문이다.

한번은 용맹정진 3일째부터 이﹖ 전체가 흔들린다는 느낌이 들었다. 아무래도 이상하다 싶어 경험 많은 스님께 물어 보니 잇몸이 힘을 잃고 풀려서 그렇다고 했다. 그럴 때 이에 약간만 충격을 주어도 전체가 빠져 버린다고 하는 바람에 음식을 제대로 못 먹고 정말 물만 먹으며 정진에 계속 참가한 적이 있었다. 군에 있을 때 정신력에 대하여 그토록 많은 교육을 받았건만 그때는 그 말의 깊은 뜻을 제대로 파악하지 못하였는데 출가하여 그 정신력이라는 불가사의한 힘의 실체를 역력히 알게 되다니….

일주일 중에는 4일째와 5일째가 가장 힘들다. 그때쯤이면 서로 간 대화도 거의 없어진다. 진력이 다하여서 그렇기도 하지만 화두에 몰두하여 집중력이 높아지기도 할 때여서 그렇다. 그러나 모두들 힘들어 사정없이 죽비를 맞으며 괴로워하지만 전혀 그렇지 않은 스님들도 있다. 일주일 내내 단 한 번도 눈을 내려감지 않을 뿐만 아니라 자세 한 번 흐트러지지 않고 정진에 몰두하는 스님들도 있다. 정말 대단한 정신력을 가진 분들이다.

용맹정진을 처음 제정하신 성철 스님께서는 혼자 정진하실 때도 몇 달씩 잠을 자지 않고 눕지도 않으셨다 한다. 정말 육체는 정신의 그림자에 불과한 것일까? 인간의 정신력은 정말 한계가 없는 걸까? 용맹정진이라는 힘겨운 수행에 동참하면서 우리 인간의 정신력과 육체의 무한한 잠재력에 대하여 다시 한 번 생각하게 된다.

사해일가 四海一家

하늘 · 별 · 달무늬
대자비한 님의 품에
함께 아우르니
사해일가四海一家
크신 뜻을 누가 알리요

잘리우고 갈리어진
사바세계
남섬부주
국토, 국토마다
깃발 꽂아
가두어둔
사바의 중생들

가이없는
불법해佛法海로
다시 모으니
동양 · 서양 구분없고
민주 · 공산 · 공화국도
둘이 아니었네

이 밤사
깊은 꿈엔
일보一步에
일국一國으로
포행이나 할거나

파도

저리도 고운 바다는
거치른 숨결을 머금고
천년 함묵하는
너를 다듬고
또 다듬어

때로는 운명인 양
부딪쳐 부서지고
스스로 지쳐진
분노의 세월
때리고 쳐 보지만
꿈쩍도 하지 않는
어찌 할거나…

이만한 둥그럼에
대견하다가
일상을 뚫고 가는
한 줄기 바람
깨어져야 할 것
이제 알았네

천 층의 강줄기
다 받아들여
더 부서지고
부서져 닳아 없앨 것
바위가 아니라
파도인 것을

다비

한 생을 두고
태워도 태워도
마저 태우지 못해
마감한 생의 뒤안길
다시 태워야 할
지독한 삶의 찌꺼기

버리고자
잊고자
몸부림치면 칠수록
더욱 밀착되어지는
나라고 이름 불리운
차라리 타인이었으면
좋았을 것들

아직
이글거리며
타고 있는
붉은 숲 뒤로
또 다시 시작되는
윤회라는 이름의
끝없는 집착

언제쯤일까
가을 낙엽처럼
자유로이 긴 허공
부끄럼 없이 나를 날

잇혀진 존재

그 여름
나는 잊혀진 존재였다
그저 하염없이 내린
장맛비 물기만 머금고
살아가는 기·생·식·물
그 초라한 이름이
전부였다

하늘 높아지고
푸르른 잎들 모두
떨어질 운명 앞에
처절히 불타고
단청조차 빛바랜
입추의 하오

나를 찾아
황홀히 눈빛 적시운
시선이 있었네

그 누구도 모르면
또 어떠리
차디찬 이끼처럼
잊혀져 살다가
그리운 한 눈빛에
온몸 드리우고 싶은
긴 외로움

부끄럼 없이 나를 날

나목

빛깔 떨구어버린
겨울의 나목 앞에서
더욱 부끄러운
가리워진 색욕들

일체의 겉치레
모두 거두어버리고
앙상히 남은 가지는
풍요에 젖어들어
더욱 가난해져버린
의식들을
매질하는 하오

잊혀질듯
거두어진 한 조각
풍경조차
모질게도 우리를
힘들게 견책하는
기나긴 올 삼동
어찌 버텨 나갈꼬

백설

저리도 고운
백설의 잔치
사무치게 기다려온
긴 시간들
차가운 눈발에
가냘프게 떨고 있네

나서보고 싶어도
나서지 못하는
나를 잡고 있는
무수한 일상들

차가운 백설
그 앞에 서면
설산수행 이야기는
더욱 아스라해지고
열반은 전설처럼
아득하기만 하네

언제나 겨울
나의 곳간은
너무나 가난하네

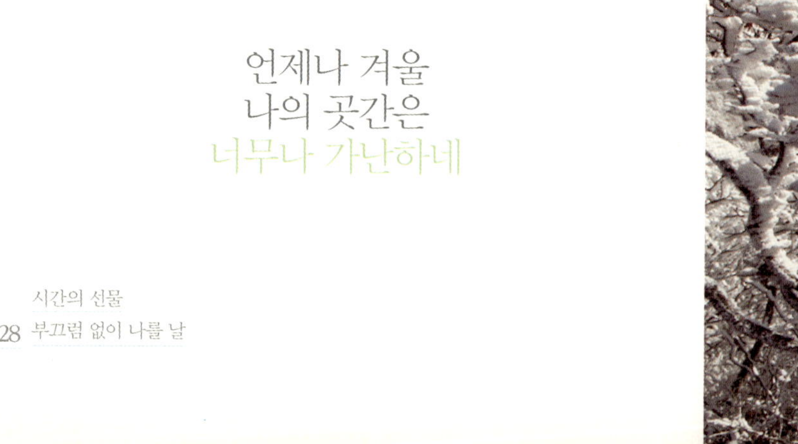

첫
햇살

차라리
숨어 지낸
긴 세월이
더욱 그립다

용기도
퇴적도
그 자신도
알지 못하는
일그러진
자화상

새해
첫 햇살에
더욱 부끄러워
등 돌리고
서 보지만

올 한 해 또
견디어야 할
파도의 매질보다
더욱 서러운
자책의
기나긴 시간

석인

슬픔도 기쁨도
첫눈의
가슴 설레던 추억도
잊어야 할 건 모두
잊은 지 오래다

스스로
석인이 되어
눈비 맞아온 세월
세월보다 더 두터운
인욕의 시간들

이제 또 기다려야 할
인욕보다 더 깊은
끝 보이지 않는
오래된 미래

이제 나도
차라리 석인이 되어
잊혀진 시간 속에서
억겁의 세월
그 두터운 나이테
그려가고 싶다

추억의 잔상

놓을 수 있다고
늘 말해온
지난 시간들
결코 놓아보지 못한
퍼렇게 멍든 미련들

떠난다고
떠날 거라고
버릇처럼 말해온
긴 시간의
귀울림 좇아
떠나 보았건만
되돌아 그려지는
추억의 잔상들

……

흰 눈 위
깊숙이 눌린 발자욱
되돌아 나서 보지만
겨울 산사는
그 햇살 그 춘풍에도
지워지지 않는
고운 삶의
숨결이 되어
모질게 모질게도
연명延命 지어지네

봄날

꽃이 진다고
서운해 했는데
봄날이 간다고
아쉬워 했는데

봄비에 운무
헤치고 온 도반이
종일토록
봄 꽃 타령을
늘어 놓는다

가야산 가득한 신록이
봄 되어 꽃이 되어
춤을 춘다
꽃이 지는 게 아니라
내 맘이
저물어 간다는 걸
알아 눈을 뜨려 해도
춘곤증이 심해
눈이 열리지 않는다

범종

가이없는 법계
닿아보지 못한
어디메까지

그릴 수 없는
칠흑 그 어둠까지
쉼 없이 찰랑대는
멈춤 없는 파랑까지

모두 다 깨어 부술
종을 울린다
범종을 울린다

마지막 공명
다 끊기어도
열두 폭
깊디깊은 자락
장삼에
숨어 우는
이 마음

시간

일생 스스로
거두어들인 시간
그 긴 세월 위에서
길을 나선다

다시 나서는 길은
돌아오지 않는 길이 아니다
돌아와 자리할
빈 공간도
시간도 없는 그곳

다시 열리지 않는
두 번 다시
닫혀지지 않는
시간의 두께

마땅히 조여 매어도
나아갈 곳 다시
어디 있을까

초기 안거의 또 다른 의미

불법을 불멸의 진리라고 말하지만 과연 멸하지 않는 것이 무엇인지 분명하게 말할 수 있는 사람은 드문 것 같다. 당장에 제행무상諸行無常과도 상충되는 것 같고, 제법무아諸法無我라고 했는데 불멸의 본질성이라는 것이 어떻게 존재하는가? 많은 전적들을 뒤적여 보지만 웬 설명들이 그리도 길고 지루한지 다시 본질의 단순함으로 돌아가고 싶어진다.

'모든 것은 변화하고 우리는 괴로워한다.

변하기 때문에 괴로운 것이 아니라

변한다는 것을 받아들이지 않기 때문에….'

『화엄경』어디엔가 나오는 구절이다. 이 구절에 이르면 뭔가 답답함이 풀리는 것 같기도 하지만 혜안慧眼이 열리지 않고서야 어찌 해결할 수 있겠는가?

불변의 진리는 그렇다 치고 여러 가지 제도들은 많이 변하는 것을 엿볼 수 있다. 초기의 안거는 지금의 분위기와는 많은 차이가 있었던 것 같다. 지금의 결제는 마치 결사決死의 장으로 들어가는 듯한 느낌이 강하다. 산철 만행하던 몸과 마음을 추슬러 다시 공부인의 자세로 돌아가 마음을 챙긴다.

최초 안거도 부처님께서 일방적으로 지시하여 시작된 것이 아니다. 부처님 당시의 모습을 가장 사실적으로 기록하고 있는『율장』에 따르면 결제의 시작은 당시 다른 교단들이 한결같이 '안거'라는 제도를 운영하는 것을 보고 많은 신도들이 부처님의 제자들도 그렇게 하는 것이 좋지 않겠느냐고 건의하여 부처님께서 받아들였던 것으로 되어 있다.

훗날 많은 논사들은 부처님께서 그것을 받아들인 것은 충분하고 타당한 이유가 있기 때문이었을 거라는 전제하에 많은 타당한 이유를 내세웠다. 우기라 만행하면 본의 아니게 많은 생명을 해칠 수도 있다는 논지와 범람하기 쉬운 강물로 인해 수행자들이 직접적으로 피해를 입을 수 있다는 논지들이다. 물론 이러한 것을 논지라고 하기에는 문제가 따르긴 한다. 후기 대승경전에 부처님께서 직접 이러한 말씀을 하셨기 때문이다.

부처님께서 이러한 깊은 이유를 숙명통으로 꿰뚫어 보시고 받아들였 겠지만 우리들에게 중요한 것은 안거제도를 받아들였다는 사실보다 이 러한 제도를 승단 운영에 매우 적절하게 유용하신 데서 그 의미를 찾아 야 할 것이다.

원죄설과 속죄의 구조를 가지고 있는 여타 종교와 달리 불자들 중에 는 어떻게 자신이 저지른 죄를 참회해야 하는지, 어떻게 죄가 소멸되는 지 모르는 이가 많은 것 같다. 여기에 관해서 많은 이론이 있겠지만 간 단히 말하면 잘못을 저지른 경우 참회하려면 여러 사람 앞에서 고백하 고 낯 뜨거워짐을 당하는 것이다. 속된말로 쪽팔림을 당하는 것이다.

수행자들에게 있어 모든 죄가 고백으로 회복되는 것은 아니다. 일생 을 두고 돌이킬 수 없는 바라이죄같이 무거운 죄도 있지만 대부분의 과 오는 여러 스님들에게 고백하고, 그 스님들이 거짓 없는 고백임을 받아 들이고, 또 스스로 부끄러워함으로 해결되는 것이다.

물론 대승의 심지계에서는 상황이 전혀 다르겠지만 초기 『율장』에서 보면 최소한 그렇다. 그러나 죄를 아무 스님, 아무 곳, 아무 때나 이야 기한다고 참회가 되는 것이 아니다.

가벼운 범법 행위는 한 명의 스님에게 고백함으로 해결되기도 하지 만 대부분 충분한 인원을 요구한다. 구성 인원의 수를 매우 중요시하여 해당 범계한 조목을 용서받는 데 필요한 인원에서 단 한 명이라도 부족

하면 그 죄를 용서받은 것으로 처리하지 않았던 것이다.

초기 안거는 수행의 터전이기도 했지만 함께 모인 많은 스님들 앞에서 참회하고 용서를 구하는 시간이요, 자신의 청정을 새롭게 하는 시간의 성격이 강했다. 그래서 결제 중에 행해지는 포살과 자자에 대한 규정은 매우 세밀하고 엄격했다.

그렇다면 당시 수행의 모습은 어떠했을까? 당시 사문들은 수행이 일과의 전부요 삶의 전부였던 것 같다. 지금처럼 결제 기간에 특별히 수행을 강조하지 않은 이유는 결제를 하든 유행遊行을 하든 간에 수행은 물과 공기처럼 늘 출가자들과 함께했던 것이다.

훗날 사원의 운영에 전력해야 하는 승려가 생겨나고, 사회적인 활동에 치중해야 하거나 경전 공부에 대부분의 시간을 보내는 사문이 생겨났고, 무엇보다 직지인심直指人心을 중요시하는 선종이 풍미하면서 지금과 같은 의미로 결제가 굳어진 것 같다.

벌써 안거가 끝나가고 있다. 이번 결제는 대중 앞에서 참회로 나를 한 번 더 추스르는 시간이 되었으면 좋겠다.

구도

언제나
다다르지 못한
걸음 걸음
오직 한마음으로
일주문을 지나
닿아가는 그곳

스스로 받아들고
좇아 보지만
멈춰지지 않는
삶의 그림자

차라리
이 땅 위에
버릴 수 있다면
버려 잊을 수 있다면
차라리 더 아름다울
구도求道는
욕망의 또 다른 변신

하산하는 날

돌고 도는
윤회의 뒤안길
가는 길에
만난 사람
오는 길에
스친 인연들

녹음따라 나서서
어디에서 멈출지
알 수도 없는
힘찬 산 오름

언제쯤일까
노승을 닮아
오름보다
더 깊은
미소 지으며
하산하는 날

합장

당신을 향한
이 그리움
무명초 자르고
윤회에 윤회를 더한
그 오랜
지심귀명례!

능례소례能禮所禮의
참성품이 하나라지만
아직도
채워지지 않는
그 심한 갈애

닮아지려 하면
더욱 어색해지는
숱한 좌절들
합장 정례하는
이 순간
나 아닌
또 다른 나를 본다

자취도 없이
사라져간 세월
메말라 버린
흔적

잃어버린 시간이
그려준
고운 빛의 상념
누가 알았을까
이날이 되돌아
다시 새순이
피는 일을

되돌아
기억하지 못하고
오직 한 생^{生}만을
부둥켜 안은 채
낯설게 살아지는
사바의 짧은 인연

차라리 지고 피는
노오란 잎새가
더욱 부럽네

해
소
망등
소
소망

빛

계절이야
사계절 홀로 거닐고
하늘 빛 고와야
한나절 저 혼자
탑 위를 서성이네

두꺼운 기와
범접치 못하는
푸른 빛 단청에
거두어 가두어도
천년 세월
바래지 않는
대 광명의 빛

마지막 한 장
달력보다 가벼운
한 해 살림살이

차라리
마음 하나
겨우살이 김장마냥
굳게 가두우고
올 한 해도
두터운 적설積雪을
꿈꾸고 싶네

찬란한
영광의 자리에서
밤을 밝히며

참 나의 것

긴 계절
서성거림도
차가움에
웅크림도
이제
나의 것이 아니네

함께
함께 걸음 할 수
있음에
이토록 당당한
걸음
그 걸음들

이 차가운 계절
누군가에게 나도
한번쯤 도반
되어주고 싶다
언제나 말이 없는
그에게
무엇인가 되어주고
싶다

작은 바람들

용맹정진이 막 끝나고 제주에 있는 처사님 한 분이 참례를 왔다. 처사님은 오래전부터 해인사 새벽예불에 꼭 한번 참례해 보기를 원했는데 드디어 바람이 성취되었다며 매우 기뻐했다. 일찍이 객실을 찾아 잠을 청했던 처사님은 새벽 도량석 소리에 잠을 깼고, 몸을 단장하고 바로 법당으로 가서 앉아 있었다.

문제는 여기서 발생했는데, 따스한 남국의 겨울에 알맞을 봄잠바 차림으로 해인사의 새벽을 이겨내기에는 추위가 너무도 혹독했다. 도량석이 막 끝나고 법당에 들어갔으니 처사님은 종성과 북, 대종, 목어, 운판으로 이어지는 30분의 시간을 손을 비비고 참고 참으며 해인사의 엄숙한 분위기를 해치지 않으려고 무척 애를 썼다.

그러나 막상 예불이 시작되자 합장하고 서 있어야 하는데 도저히 손이 시려서 견디지 못하고, 오랜 바람을 팽개치고 예불 도중에 법당을 나가고 말았다. 얼마 전 그 처사님을 제주도에서 만났더니 대뜸 "스님! 아직도 해인사 수각 주변의 얼음은 안 녹았지요"라고 인사를 해 왔다.

늘 해인사에 살아서 그런지 춥다는 생각이 들지 않는다. 한겨울에도 내복을 입기는커녕 빨래할 시기를 놓치면 여름에나 입음직한 승복을 입기도 하고, 겨울에도 오히려 반소매 상의가 홀가분하게 느껴지는 나로서는 정말 이해하기 힘들었다. 하기야 제주도의 여름은 새벽 예불부터 선풍기를 틀지 않고는 힘들어서 우리나라가 좁다지만 결코 좁은 것만은 아니구나 하는 생각이 들기도 한다. 추위와 더위에 대한 저항력은 사람에 따라 많은 차이를 보이는 것 같다.

해인사가 산중에 있다지만 여름의 더위는 정말 대단하다. 도심의 날씨에서야 온도계 눈금으로 단순히 비교할 수 없겠지만 그래도 바람 한 점 없는 여름날 사시 불공은 우리에게 인욕정진을 가르치기에 충분하다. 대부분의 학인들은 동절기와 하질기 징심이 띠로 준비되지 않아서 춘추복 정도의 옷감을 사용해서 사계절 두루 입는데 가사도 마찬가지다. 무더운 여름날 정말 큰스님들의 시원스러운 장삼과 얇디얇은 가사는 우리들의 부러움을 사기에 충분하다.

비지땀을 흘리며 불공을 마치고 안행해서 관음전으로 사시 법공양하러 들어갈라 치면 아찔하다. 한번은 도반스님들과 여름용 반소매 승복에 대해 진지하게 논의해 본 적이 있다. 결론에 가서는 승가의 보수성과 우리의 초라한 승가에서의 위치를 자조하다가 도반 중에 누가 종정이 되고 총무원장이 되면 꼭 실현시키자고 굳은 언약(?)만 해 두고 말았지만 말이다.

한편으로 생각해 보면 강원을 졸업하고 내게도 얇은 여름용 장삼과 가사가 준비되고 바쁘지 않은 일상을 보내게 되었을 때 젊은 스님들의 고통을 잊지 않고 정말 반소매 승복을 부르짖을지 벌써 의심이 간다. 행전 문제를 돌이켜 생각해 보면 그렇다. 강원에서는 사교반이 되어 능엄경을 마치고 대교반 스님들의 허락을 받고서야 행전을 풀고 생활할 수 있다.

강원 생활 중에는 꿇어앉는 일이 다반사이기 때문에 행전은 보통 성가신 것이 아니다. 치문반 때부터 우리들이 대교반이 되면 당장에 행전부터 풀자고 결의하고, 한때는 행전의 역사까지 뒤져 찾아본 적이 있었다. 그러나 무엇보다도 우리들을 뭉치게 했던 것은 대부분의 선배스님들이 행전을 매지 않고 생활한다는 것이었다. 자신들은 하지 않으면서 후배들에게 강조하는 것은 아무리 좋은 이유를 붙인다 해도 평등이 가장 중요한 덕목인 승가에서는 잘못인 것 같았다.

그러나 지금 우리는 무엇하는가? 우리도 어느새 행전을 풀고 다니는 위치에까지 왔고 그뿐만 아니라 이젠 강원의 모든 문제를 결정지을 수 있는 화엄반이 되었는데도 누구 하나 이 문제를 언급조차 하지 않는다. 어쩌면 이 일은 지금 우리에게는 너무나도 사소한 일일지 모른다. 하지만 그 당시 우리들에게는 매우 중요한 일이지 않았던가?

작은 일 하나하나를 잘 기억했다가 때에 맞추어 고쳐 나가는 것이야 말로 점진적인 진보일 것이다. 지금 또다시 우리들이 더위와 추위에 관한 이야기들을 나누고 있는 것도 훗날에 가서는 한낱 단편의 추억이 되고 말지도 모른다는 생각이 든다.

한번은 몹시 더운 여름이었다. 한 스님이 꾀를 내어 행전만 차고 바지와 동방을 벗어두고 장삼을 입고 예불에 참석한 적이 있었다. 아무도 눈치 채지 못했는데 너무도 시원한 탓에 자신마저도 승복을 입지 않았다는 사실을 잊어버리고 큰방에 들어와 가사와 장삼을 훌렁 벗어 버린 것이었다. 반 스님들의 놀라움과 윗반 스님들의 분노가 겹쳐져 그 스님은 오랫동안 과보를 받아야만 했는데, 부처님도 입지 않으셨고 하라고 시키시도 않은 승복을 잠시 벗었다고 그 스님이 받아야 했던 과보는 참으로 혹독했다.

많은 것들을 새로이 시대에 맞게 잘 원용하신 옛 스님들이야말로 진정 용기 있고 합리적인 분들이었던 것 같다. 어느 시대에 필요하여 만들었다면 이 시대에는 이 시대에 맞추어 수정하여 우리들에게 인욕바라밀만을 강조하지 말고 최소한 외부환경과 불필요한 힘겨루기를 하지 않고 선정바라밀을 닦을 수 있었으면 좋겠다는 생각을 해 본다. 바라문교의 형식과 가식을 용감하게 거부하고 진리의 실체로 우리들을 이끌어 주기에 힘쓰신 부처님의 후예답게 실용적이고 합리적인 의식을 가지고 실천한다면 얼마나 좋을까?

언젠가 여름에 관광객의 시원한 옷차림을 부러워하는 내게 "스님! 그게 그렇게 부러우면 하산하세요"라고 하던 도반스님의 구박이 떠오른다. 하지만 곧 가야산에는 봄이 올 것이고 시원한 봄의 향기로 생기 온통 가득할 좋을 때만을 생각하고 싶다. 인욕의 계절, 여름의 횡포보다는 더위를 걷어 내고 우리를 맞아줄 시원한 가을이 있음을 생각하면서 희망차게 마지막 남은 강원 생활을 엮어 가고 싶다.

오늘은 꼭 해인사 얼음이 다 녹았다고 편지를 써야겠다. 얼마나 기뻐할까, 해인사에도 따스한 봄이 왔다는 사실을 알면. 그리고 내일 아침 예불시간에는 아름다운 제주에까지 명랑진중한 해인사 예불가락이 들리도록 정성을 다해야지. 모두 함께 희망찬 봄을 맞아 부처님의 세계를 노래하게 해야겠다.

삶의 그림자

녹음보다 짙은
삶의 그림자
그림자를 따라간
가지런한 발자취

흩어진 난자難字보다
더 힘겨운 고행의 흔적
단아한 탑을 향한
경배보다
더 깊이 가슴 울리고

걸어온 길보다
가야 할 길이 더 멀다는
도반의 충고…

언제쯤일까
우리의 삶이 이토록
정갈히 다듬어질 그날은

봄

가느려니
새하얀
봄,
꽃,
잎새

천년 세월
두터웠던
기와 결도
초점
흐리우고

자지러진
연둣빛 새싹이
날 보라 하네
새롭자 하네
우리 함께
해맑자 하네

등불

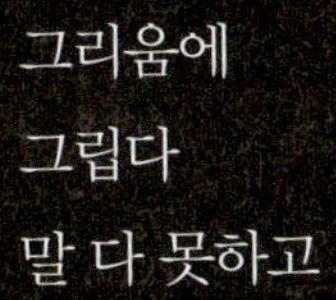

그리움에
그립다
말 다 못하고

가진 것
하나 없는
나날의 삶

차라리
등 하나에
온 마음 담아
드리워
이내 마음
보일 수 있어

이 밤사
남 모르게

더 깊은
어두움 하나
등불에
온 마음 가득히
담아 봅니다

잊혀진 나

잠자던 의식과
잠재워야 하는 습성들
삼켜야 할 양약良藥보다
토해야 할
더 많은 찌꺼기

장맛비보다
줄기찬 장군죽비
잿빛 소매 사이로
스며드는
화려한 오색단청

잊혀진 내가
다시 내가 되어
서성이는 시간들…

하산

채우고
모으다
잃어버린 시간들

오르고
오르다
지쳐버린
삶의 언저리

비우고
또
버리고
내리고
또
내려놓는

이제 나도
그 길고 긴
숭고한 길을
함께
걸어가고 싶다

공든 탑

장맛비
거센 바람
그 얼마였던가
번와에
새 단청 옷 갈아입고
고운 님 모셔온 날
나날이 새로워라

천년 세월 지켜온
공든 탑
그림자보다
또 한 세월
인연으로 만나
함께 탁마하던

그리움이
먼저
달려 나오네

풍경이
잠든 시간

억눌려
지친
가련한 욕망들
어떻게도
할 수 없던
가슴속 불꽃

끝내
감추지 못하고
풍경마저
잠든
팔월의 하오
추녀 아래
드리워진
수줍잖은
미소

담장 너머
다소곳이
빛을 벗고 침묵하는
천년
만년 또
천만년의 울림

가을보다
언제나
네가 더 그립다

그리움

아!
소리조차
지르지 못할
그리움 한 조각

하늘은
우째
저리도
적나라하게
우리 맘을
수놓을 수 있을까

오늘 밤엔
밤새
꿈꾸어질 게다
떨어져 그리웠던
모질었던 시간
그
애잔한 그리움

12:32

좌선

숨
딱
멎고
앉아
……

말
할 수
없는
이 맘

둘
아닌
너
나

독성獨聖 _ 나반존자

소리 없이
가득 쌓인
인적 끊긴 산사
푸른 솔 위
백설

굳은 문
홀로 잠그고
육근 번뇌
내려놓은
홀로 가신 성자

기웃
또
기웃
이 깊은
겨울에사

자꾸만
자꾸만
그리워지네

그리운 산

나 이제
산으로 가리
넘실대는 포말에
고이 씻기운
붉은 태양
덥석 물고
천룡天龍처럼
몸 일으켜
이제 산으로
그리운 산으로
돌아가리

바다를 보며
더 그리운 산
산에 사는
그리운 사람들
그 내음
사무쳐 오네

열두 만월滿月
삼키울쯤
그리움 다 떨치고
큰 웃음 지으며
벗할
산에 산다는
그 사람
더욱 그립네

세상에서
가장 무서운 것

총림생활의 즐거움 가운데 하나는 많은 대중과 함께 생활한다는 것일 게다. 선원과 강원과 율원 그리고 소임을 보는 스님들이 대웅전에 넘치게 모여 예불할 때의 장엄한 모습, 공양하기 위하여 큰방에 가득 모인 스님들이 너무나 여법하여 적막하게까지 느껴지는 법공양 시간, 부처님 당시부터 살아 있는 승가의 아름다운 모습을 보여주는 포살의 모습은 정말이지 총림이 아니고서는 완전한 맛을 느낄 수 없을 것이다.

우리나라에는 스님도 많지만 사찰도 많아서 이번 생애 동안 우리가 머물며 살아 볼 수 있는 사찰이 얼마나 되겠는가? 이왕지사 총림에 살게 된 이번 안거 동안에는 여법하게 살아가는 대중생활의 아름다운 모습을 마음속으로 즐기고 싶다.

이번 주는 성도주간成道週間이다. 인류의 역사와 문화와 사상을 가이없

"

이 넓혀 주신 부처님께서 성도하시기 직전 마지막 깊은 선정에 머무신 일주일이다. 인간이 지구라는 작은 혹성에서 살아가는 미미한 생명체에서 진정한 우주의 주인이 되는 주간인 것이다.

조계총림에서도 성도주간을 맞이하여 부처님께서 행하신 최후 최고의 정진을 본받아 각 처소마다 특별정진을 하고 있다. 선원은 선원대로 견성을 향한 참선정진에 힘을 기울이고, 주지스님을 비롯한 사부대중은 사자루에 모여서 자비수참을 독송하며 참회정진을 하고 있다. 이렇게 많은 대중과 함께 참회의 절을 하기는 강원을 졸업한 후 처음이다. 자비수참의 간절한 내용과 사자루에 울려 퍼지는 대중의 음성에 나도 모르게 숙연해졌다.

이번 자비수참에는 대중스님들뿐만 아니라 사찰에서 소임을 보는 재가 종무원들까지 모두 참가하고 있다. 각자의 참회하고자 하는 것과 발원하는 것은 다를 것이다. 하지만 부처님께 귀의하고 불보살님의 가피를 얻어 바라는 바를 이루고자 하는 마음은 한결같을 것이다. 특히 적극적으로 알리지 않았는네도 많은 재기 신도들이 소문에 수문을 듣고 동참하고 있다. 이렇게 신심 나는 성도주간 행사를 내년에는 보다 많은 재가 불자들에게 알려 동참하게 하면 더욱 좋겠다. 이번 참회로 말미암아 사바세계 모든 중생들의 몸과 마음이 조금이나마 깨끗하여져서 하루속히 성불하여지기를 다시 한 번 바란다.

참회를 하다 보니 생각나는 일이 있다. 처음 출가하여 행자생활을 할 때 일이다. 그 당시 송광사에서는 새벽 3시에 도량석으로 대중스님과 온갖 중생을 일깨우고, 삼경(밤 9시)에 종을 쳐서 잠자리에 들 시간임을 알리는 소임을 행자가 맡아서 했다. 언젠가 삼경 종 치는 소임을 맡게 되었는데 이틀간은 이전에 소임을 보았던 행자와 함께 삼경에 대웅전에 들어가서 종 치는 법을 전수받았다.

드디어 소임 전수가 끝나고 혼자서 삼경 종을 치려고 플래시를 들고 대웅전에 들어갔다. 그런데 그 순간, 아무도 없는 혼자라는 생각이 들자 갑자기 무서움이 엄습해 왔다. 발심 출가한 행자가 법당에 들어가는 것을 무서워했다면 누가 믿겠는가. 하지만 당시 나는 정말 무서웠고, 할 수 있다면 달아나 버리고 싶었다. 지금에 와서는 나 자신도 이해하기 어렵지만 그때는 정말 그랬다.

다음날은 하루 종일 삼경에 법당에 들어가 종 치는 일만이 걱정되었다. 그 당시에는 방장스님께서 직접 행자들에게 초발심자경문을 가르치셨는데 그날 강의가 끝나고 용기를 내어 왜 삼경에 법당에 들어가는 것이 무서운지 방장스님께 여쭤 보았다. 나의 진지한 질문에 방장스님께서는 껄껄 웃으시면서, "행자님이 무서워하는 건 업장이 두터워서 그런 겁니다. 살생을 많이 하면 무서움을 많이 타지요. 행자님은 참회를 많이 해야겠습니다"라고 하셨다.

그 시간 이후로 전생은 접어두고라도 이생에 내가 죽인 생명들을 헤아려 보았는데 정말 너무나 많았다. 특히 어린 시절 활을 만들어 다니면서 쏘아 죽인 개구리들, 동네 사람들과 모여 물이 마른 저수지에서 잡은 물고기들, 수없이 죽인 파리와 모기들…. 그 중에서도 화살을 맞고 고통스럽게 죽어 가던 개구리는 오랜 세월이 지났는데도 생생히 떠올랐다. 내가 무서움을 느끼는 것이 틀림없이 개구리 때문인 것만 같았다.

저녁예불 때 개구리 영가를 위해 부처님 전에 열심히 기도했다. 하지만 막 출가한 행자에게 무슨 천도의 법력이 있겠는가? 그날 밤 삼경에 대웅전 문을 열고 들어서서 신중단으로 눈길을 돌리자 신장들이 한결같이 개구리로 변신하여 나를 노려보고 있었다. 팔부신장들 모두가 개구리 장군들의 화신으로만 보였다. 얼른 고개를 돌려 부처님의 존안을 바라보며 관세음보살만을 끊임없이 불러 댔다. 그나마 개구리 영가가 부처님의 모습에는 없어서 천만다행이었다.

소임이 끝날 즈음끼지 그 '무서움의 실체'가 무엇인가 하는 화두를 한 시도 놓치지 않았던 것 같다. 결국은 망상이겠지만 나 나름대로 내가 느끼는 공포의 본질은 '죽음을 두려워하는 나 자신의 마음'이라고 결론지었다.

한번은 서울 홍원사에서 도반스님과 이런 말초적인 공포에 대하여 이야기하고 있었다. 그때 곁에서 듣고 계시던 원명 주지스님께서 자신이 느꼈던 가장 무서웠던 일을 말씀해 주셨다. 스님께서 해인사에서 정진하고 계실 때 일이었다. 해인사는 설날에 윷놀이를 하는데, 그 당시에도 설날에 대중스님들이 모여서 윷놀이를 했나 보다. 큰방에서 대중들이 편을 갈라 윷놀이를 하다 보니 승부욕이 일어 설날 오후가 늦도록 윷놀이는 계속되었다. 모두들 늦도록 정신없이 놀고 있는데 갑자기 큰방 문이 열렸다. 그러고는 지월 노스님께서 들어오셨는데, 그 당시 노스님께서는 세수가 70세가 넘어 혼자서 운신하기도 어려우셨다고 한다.

문을 들어선 노스님께서는 대중들을 바라보면서 아무 말씀 아니 하시고 하염없이 눈물을 흘리고 서 계셨다. 일순간 그렇게 떠들며 윷놀이에 열중하던 스님들의 시선이 모두 노스님에게로 쏠렸다. 한참을 서서 눈물을 흘리시던 스님께서는 대중들을 바라보다가 대중이 숙연해지자, "여러 스님네들! 시주의 은혜가 무서운 줄 알아야 합니다. 이 추운 겨울 따스하게 방을 데워 놓고 배불리 밥을 먹고 정진하지 않고 이렇게 시간을 허비해서야 되겠습니까?" 하고는 묵묵히 돌아가셨다고 하셨다. 그 순간 원명 스님께서는 엄청난 무서움이 전신에 느껴졌고 등에서는 식은땀이 하염없이 흘러 내렸다고 하셨다. 그러면서 스님께서는 아직까지도 그날의 무서웠던 기억을 잊을 수 없다고 하셨다.

스님의 이야기를 듣고 보니 내가 평소 느껴 왔던 무서움이 얼마나 어린이 같고 말초적인 공포심이었는지 몹시 부끄러웠다. 이 이야기를 들은 후 나의 공포심도 한 단계 수준이 올라서인지 어두움이나 형상으로부터 느껴지는 두려움은 사라져 버렸다. 정말이지 무서움에도 수준 차이가 있나 보다.

얼마 안 있으면 설날이다. 이번 설에는 노스님에게 부끄럽지 않도록 지내야 할 텐데…. 그래도 출가해서 자의에 의해서나 타의에 의해서나 참회를 많이 하였다. 언제나 참회를 하게 될 때는 내가 상해한 많은 생명들에 대한 참회를 잊지 않았다. 내가 저지른 참회해야 할 일이, 어찌 이것뿐이겠는가. 이번 참회 기간에는 견성성불의 원력은 잠시 뒤로 미루고 알게 모르게 지은 모든 죄업장이 소멸되어 공포심으로부터 완전히 벗어나기를 간절히 바라 본다. 솔직히 말하면 아직도 나는 죽음이 두렵다. 열반이 진정 생生과 사死를 초월하는 일이라고 하니 죽음이 두려워서 나는 오늘도 열반을 의구한다.

당신의 노래

지관큰스님을 그리며

정녕 丁寧
고구苦ㅁ토록
이르시던
무상의 가르침

당신 위해
저희들이
헛되이
노래
부릅니다

어두운
저희 마음
어찌하시고
그리도 허연히
나서십니까

속환사바
미듭지
아니한 건
아니지만
사무치는
그리움은
자자꾸만
따라따라
가져옵니다

無常鬼

삼월은

길
나서고 싶다

춘삼월
고운 빛
산들바람
고운 소리

삼월은
삼월은
겹겹 쌓인
묽은 잎
벗어라 하네
떨쳐라 하네

봄은
온 마음 다해
온 기운 다해
나오라 하네

어서어서
길
떠나라 하네

그리운 당신

붓을 들면 붓끝에서
당신의 모습이 그려집니다

소리를 잡으면 소리마다
당신의 가르침이 울려집니다

눈을 감으면 감기어진 눈 안에서
이 마음 가득 당신이 담기어 옵니다

햇살 가득한 날
봐도 봐도 더욱 그리운 당신!

온 마음 기울여
그리움에 귀의합니다

흔들리는 것은
꽃이 아니다
제 맘대로 왔다
제 맘대로 가는
바람

흔들리는 것은
내가 아니다
나도 몰래 왔다
나 몰래 가 버리는
누가
이 흔들림을
멈추어 다오

빛깔도 없는
심연의 회색빛
감추어진 것보다
감추고 싶은 사연이
그리워지는
시간

홀로
흔들리는
뜰에
나서보고 싶다

정토의 아침
봉정암 성지순례

이른 새벽 아스라이 먼 별빛에 둘러싸인 봉정암 석가세존 적멸보탑 앞에 무릎을 꿇고 지심귀명례 절을 한다. 목탁도 없고 누군가 선창도 없지만 한결같이 지극한 마음이어서 음곡의 조화 또한 설악의 기암들처럼 조화롭다.

멀리 관세음보살을 부르는 오세암의 새벽기도 소리가 깊은 설악의 어둠을 깨고 계곡 가득 간절함을 담아 들려 온다. 봉정암의 석가세존 정근 소리와 오세암의 관음대성존을 부르는 소리가 한꺼번에 들리는 새벽, 설악의 아침은 그야말로 우리들이 꿈꾸는 진정한 불국토의 아침이었다.

옛 글에 먼 타지에서 길을 잃은 지혜로운 장수가 늙은 말을 앞세워 길을 찾았다고 했다. 오래된 우리 신도님들은 저들이 먼저 길을 알아 가는 늙은 말과 같다는 생각이 든다.

올해 초 신도님들은 나한전에서 백일기도를 하자며 수십 명 동참자를 받아놓고, 기도의 회향은 오세암과 봉정암에 성지순례를 가서 하겠다고 했다. 좀 당혹스럽긴 했지만 신도님들이 먼저 신심을 일으켜 하는 일에 스님이 되어 뒷짐만 지고 있을 순 없었다.

감기몸살로 전날 병원신세까지 져야 했지만 나서지 않을 수 없었던 순례의 길. 힘겨운 출발이었지만 내심 회향 축원을 성지에서 꼭 할 수 있기를 간절히 바랐다. 사람의 몸이란 참으로 신비하다. 마음 한번 가다듬으니 어디서 힘이 나는지 알 수 없이 기운이 나기 시작했다.

오세암에서 관음기도하고 봉정암 불사리탑에서도 기도하자며 올랐는데 낮에는 탑전기도 집전을 허용하지 않는다고 했다. 할 수 없이 삼다수 빈 물병으로라도 박자를 맞추어 기도하겠다며 탑전에 둘러 모였는데, 우리들의 정성이 감동을 주었는지 상감 소임을 보는 스님께서 급한 숨을 몰아쉬며 보탑으로 올라와서 보궁 법당에서 기도하게 해 주겠다고 했다. 덕분에 처음으로 보궁 법당에서 기도를 할 수 있었고 많은 불자님들도 고스란히 동참할 수 있었다. 정말이지 5월 산정의 따가운 햇살 아래 기도하겠다고 나서긴 했지만 얼굴빛 고운 불자들에게 여간 미안한 게 아니었는데 참으로 다행이었다.

정말 봉정은 어느 곳에서나 기운이 솟구치고 어디를 둘러보아도 절
경에 가슴 벅찬 곳이다. 또한 24시간 일체 모든 번뇌를 뒤로하고 오직
부처님의 품안에서 응석 부리는 기분으로 보탑을 오르내리고 기도하고
또 기도할 수 있었다. 참배의 이유는 모두 다를지라도 어떠한 목적으로
봉정암을 가든 봉정에 가면 누구나 숭고한 구도자가 되는 것 같다.

기도가 간절해서일까? 아니면 보궁의 영험이 뛰어나서일까? 제주에
도착하자마자 한 보살님이 기도한 입찰이 성취되었다고 환호를 질렀
다. 덕분에 멋진 회향의 시간도 가졌다. 모두들 기도 성취를 맛본 보살
님을 부러워하는 눈치다. 그러나 진실로 기도한 사람이라면 결코 아쉬
워해서는 안 될 것이다. 순례한 우리 모두는 기도 공덕의 적금이 들어
있으니 먼저 찾은 사람이 있고 늦게 찾는 사람이 있을 뿐이다. 늦게 찾
는 사람들은 더 많은 이자를 받으며 찾을 일만 남았을 것이다.

혹여나 부러운 마음에 자신의 기도를 아쉬워한다면 그 아쉬워하는 마
음에 기도한 자신의 공덕이 사라져 버릴지도 모를 일이다. 기분 좋게
'앗싸! 벌써 한 명씩 순례의 공덕을 받는구나! 곧 내 기도가 이루어질 시
간도 다가올 거야!'라고 생각하며 새로운 하루를 힘차게 시작했으면 좋
겠다. 불보살 앞에 지극한 마음으로 올리는 기도는 마치 소리에 울려
오는 메아리 같아서 반드시 되돌아오는데 먼 울림과 가까운 울림의 차

이만 있을 뿐임을 굳게 믿어 의심치 말아야 할 것이다.

순례에 동참한 불자들의 소원이 때맞추어 성취되어 신심 더욱 깊어지기를 다시 한 번 조용히 정성 기울여 본다.

찾아나서
바라본
눈 언저리
흐를 듯
고여 있는
눈물 한 줄기

처음은
언제나
그리운 듯
설레이지만…

행복한 사문이 전하는

시간의 선물

| 발행_ 2012년 5월 28일 | 2쇄 발행_ 2012년 7월 10일
| 지은이_ 성원 | 펴낸이_ 오세룡 | 펴낸곳_ 담앤북스 | 등록번호_ 제 300-2011-115호
| 주소_ 서울특별시 종로구 익선동 34 비즈웰 O/T 917호 | 전화_ 02)765-1251 | 팩스_ 02)764-1251
| 편집 · 교정_ 손미숙, 박성화
| 디자인_ 고혜정, 최지혜, 정경숙
| 이메일_ damnbooks@hanmail.net
| 블로그_ blog.naver.com/damnbooks
| ISBN 978-89-966855-5-5 03200

정가 14,000원